AF429638

Editorial Cazam Ah
www.cazamah.com
info@cazamah.com
(502) + 22517770
15 calle 9-18 zona 1, Guatemala
Guatemala, Centroamérica

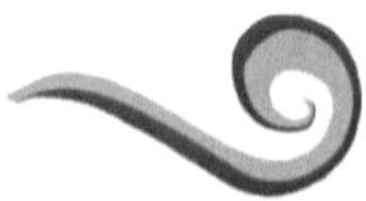

La colección Voluta está compuesta por obras literarias latinoamericanas y contemporáneas que la editorial Cazam Ah promueve y respalda.

Equipo: Javier Martínez (director de la colección y autor),
Luis Villacinda (diseño de portada), Gladys Claudio (diagramación),
diseño e imágenes de portada: Carlos Aroldo Morales Estrada (CAME),
Pixabay.com, WikiCommons y http://www.vecteezy.com / Nightwolfdezines
& Camellie

Editorial Cazam Ah
Guatemala, 2016

Javier Martínez (Pacam)

Poesía rupestre

Índice

Mitología

«¿Cómo será mi redentor?, me pregunto.
¿Será talvez un toro con cara de hombre?
¿O será como yo?»

(Jorge Luis Borges, *La casa de Asterión*)

Aracné (derrotas)

Ella también tenía
la aptitud para reencarnar;
tenía sus alas guardadas
y aquella mirada
para explorar galaxias.

Aquella (derrotas 2)

Es aquella
la mujer de mis derrotas,
la que se ensaña,
cual Atila,
contra mi manada de creencias.

Gibreel

Te envío el enjambre
de mis arcángeles
con mensajes de amor

y caricias de mi boca.
Confabulados, los traidores
me parafrasean
en mensajes bíblicos
de venganza, apocalipsis, muerte.

Gibreel (2)

Cuando baje
el arcángel Gabriel
tocando el final
en su trompeta Azraeel,
¿será con el jazz
de Charlie Parker en los saxos?

Ícaro suicida

¡Si al explotar en rabia caprichosa
te salpicara de caricias

e insultos
para salir volando,
    cual Ícaro suicida,
hacia tu paciencia inamovible
que derretirá mi vuelo!

Ícaro (2)

¡Derrite mi vuelo!
¡Cógeme de un pie
cuando pase volando
sobre tu cabeza!

Argonauta: Hominoidea/Hominoidae

Soy un Odiseo navegante
perdido en una creación
absurda y grotesca.

Donde los cíclopes de mi
historia son imbéciles
alienados de la TV.;
las sirenas, putas esquineras
de trece años;
y mi balsa, este cuerpo corrompible.

En el Olimpo carcajea
un obeso dios cristiano,
    orgiástico-sodomita-glotón,
al ver en mis ojos
la confusión de entender
esta su broma amoral
que sarcásticamente llama "vida".

I. DE GRIEGOS: habla Alcínoo

Para ti no soy más
que un soberbio "pretendiente",
cuando lo que quiero
es salvarte de tu eterna espera portuaria,
liberarte de tu lento desgaste marino.

II. DE GRIEGOS: habla Odiseo

Sos mi sirena,
que me susurra
al oído diferentes rutas
para estrellarme contra arrecifes de moral.

III. DE GRIEGOS: habla Agamemnón

Siempre habrá una Penélope ambigua,
una Helena dispuesta al himeneo.

Siempre hay una perversa Pfasifae
y una enredadora Ariadna.

....pero siempre, siempre,
hay una Clitemnestra esperándote en la tina.

IV. DE GRIEGOS: habla un Aedo

Hubo un hombre muy recto y justo: Perses,
que, preocupado por la mala vida de su hermano
                                    [Hesíodo,
le escribió un poema señalándole cómo trabajar
y los días correctos para hacerlo.

Como Hesíodo era haragán, pero no tonto,
cambió los nombres y se inmortalizó con gloria
al deshonrar al buen Perses.

San Mateo 13.24-30

En el fondo realmente espero
el regreso del dios judeo-heleno-cristiano;
la separación del trigo y la hierba.

Entonces "la hierba" nos reuniremos
y bailaremos con Aquiles abrazando a Héctor,
con Orestes, Ovidio, Hunapú y Cortázar.

En nuestras orgías reinarán Casandra, Ixquic y
[Beatriz,
mientas Nietszche, dionisiacamente alegre,
se emborrachará a solas en una esquina, extasiado.

Solamente expulsaremos a dos: Sócrates y Platón.

Allá habra millones:
    rezando todo el día,
    temiéndole a su redentor,
    cohibiendo y negando los instintos básicos.

Acá nosotros les tendremos lástima,
y les dejaremos siempre la puerta abierta,
y los llamaremos "nuestros hermanos menores".

Estrella: lejana 1

Anoche destripé
una estrellapagada;
chorreó luz
semicoagulada.

Me salpiqué
los zapatos negros.

Errante: lejana 2

Estrella:
    barrilete suelto,
que arrastra
    /rastra, rastra, rastra/
su correa
de cibaque
por sobre la topografía
cónica de tus senos.

Blanca envoltura

Yo: Minotauro
refugiado entre
nosotras: Laberinto de Minos.

Mastica y degluta
a ustedes: los de blanca envoltura.

No a causa de su
cabeza de tauro;
si no por su parte
humana de Minos.

Cementerio

**"...al despertar en medio de un
cementerio de latas de cervezas"**

(Fito Páez, Euforia, *Tumbas*)

Se le evaporó
la perfección a la noche
y quedó el revoltijo
de cangrejos vivos por recoger,
el cementerio de miradas
ardiendo por arder,
en las calles anónimas
que nos llevan
camino de tu casa;
a tu galaxia de Prometeos,
de minotauros huérfanos
que sacrifican hijas en tu nombre:
Ifigenias, en alta mar.

Cabellera vikinga

Te vas volando
cabellera roja,
    cabellera vikinga.

Tu barca despega
    desde el centro
    de mis sentidos
alejándose cada vez más;
internándose, acomodándose,
    en el rincón tibio
    pero desconocido.

Amartizando en mis sueños olvidados.

Ikú

¡Ya no más amor!

¡Que tu cariño
se lo lleve Ikú!

Y habrá que enterrarlo
en la selva para que
reencarne en árbol
y en él vivan
monos y aves
que te canten y te mimen.

Noche blanca

Ella éramos
una escalera espiral blanca
de *females* desnudas.

Y una arácnida marrón
sobre verde oscuro
pero de dientes blancos,
porque los insectos no tenemos
dientes pero si "blancos".

Revelaciones de un ojo izquierdo

-¡Tengo miedo!-

P.D.:
    ....Y los párpados
se me siguen
rasgando en
y para vos.

De cómo las gallinas de manchas cafés abren y cierran los ojos para ahuyentar al sol y de lo que aprendí a observar con dicha técnica *new age*

Las estrellas que
   mecen
esas flores....

¡Bahhh!

Piedras
con musgo verde
   y un espejo
   sobre
   ellas.

Tercera llamada

Tus mentiras embarcándose
en un trip *'round the world*.

Esperando nuestra
tercera llamada
para abordar.

Cubierta en azul,
me pensás empujar por la borda
con tus medias de nylon
apenas zarpemos.

Vos, eufórica por abordar
en la tercera llamada.

De regreso
ya sólo embarcamos
el cadáver de tus mentiras
hacia una América
nostálgica-mestiza,
católica-reprimida.

Buscaestrellas

Era un buscaestrellas
submarino,
que buceaba buscando
tus joyas y tus flores,
que trepaba pinos
para aislarse en sus esporas.

Encontró por fin ovejas
en mis sábanas
para tejerte un suéter
que te proteja de mi frío
en vez de esos otros brazos,
de esos otros hombres.

Los buenos fantasmas

Me andan rondando
los fantasmas.

Andan por ahí pidiendo cigarrillos
y que escuche sus historias.

Me hostigan los fantasmas
con respuestas que prefiero
seguir ignorando.

Acomodados en mi sala,
pasan la resaca,
haciendo compañía silenciosa:
¡como los buenos fantasmas!

Pata de perro

Se me ha ido la vida
de tanto vivirla;
se me fue de paseo
   la "pata de chucho"
a ver mundo y pasar penas.

Súcubos

«Stop this day and night with me
and you shall possess the origin of all poems»

(Walt Whitman, *Leaves of grass*)

Indefensos

¡Dejémonos
de letras muertas
y literatura:
lancémonos indefensos al sexo,
de frente al mordisco
y al gemido!

Mono

Seré yo tu mono amaestrado
que te desnude y te ensalive
por una galletita.

Alucinaciones eróticas

Fornicábamos los dos,
cada quién por
su lado,

cada quien en
su *NO TRESPASSING*
propiedad privada.

Soledad tripartita

Yo,
vos
y el otro

   (de los cuales
   ya han pasado,
   inadvertidos, varios).

Beso

¡Si pudiera teñir
mis dientes de negro
iría de noche

a darte un beso
sin que te dieras cuenta!

Beso II

«Tus dientes sanguinarios»

(Nicolás Guillén, *Todas las flores de abril*)

Enfundo mi lengua
en tu boca-vaina,
que descanse mi palabra
entre el peligro filoso
de "tus dientes sanguinarios".

Lengua de cibaque

Tiempolvido
del regreso.

Ayer volvió
el *huidor*
de la Patria Cibernética
vendiendo
botellitas
de amor con ketsup.

Rasga-páginas
rasga-tiempos.

Detrás de
    nuestra oreja izquierda
te llevo tatuada
en relieve verde.

Hojarrasca seca-crujiente,
te hago la plegaria
de la Flor Amarilla
para que me concedas
un kilómetro

    —¡Solamente un kilómetro!—

de cópula con ella.

Rac-rac
del ave pájaro.

Purrk
de las chicharras:
¡Griten hasta estallar!
¡Proclamen hasta reventar
que sólo quiero
un beso de ella
para saborear el «om»
que tiene debajo
de su lengua de cibaque!

El asfalto

Todavía no entiendo
estos días y sus aires fríos.

El asfalto ahí,
gritando «¡urbe!»,
inconmovible a tu cintura,
irreconciliable al aroma
del tabaco rubio
que exhalo al observarte.

Mas allá del lenguaje

Te amo
cortezarecinosadeárbol.

....donde *cortezarecinosadeárbol*
es un solo adjetivo.

Sobras de palabras

**«Fui una letra de tango
para tu indiferente melodía»**

(Julio Cortázar, *Quizás la más querida*)

Necesito el silencio.

Me son urgentes las sobras
de la palabra
que tal vez fue tuya,
pero desde entonces mía.

Fuiste nuestro silencio,
tan necesario ante
el barullo de dolores.

Antropológico

Nos quedamos mudos en la cama
al saber que sólo somos un
metazoo chordata
vertebrata mammalia
placental primate
antropoidea catarihine
hominoidea homonoidae
homo sapiens sapiens
cuando simplemente
pensábamos en ser amantes
y fornicar toda la noche
entre poesía y jazz:

¡Scorza y Parker!

Esa mirada que en el fondo eres
y que le falta el por qué de tu temblar,
el vaho de tu aliento:

esas cosas exquisitas que tiene la vida
en el medio de tus piernas.

Cualquier cosa

Tal vez debí prometerte algo,
un «cualquier cosa»,
un papel sellando tu futuro,
otra madrugada,
o que te amaría hasta
que fueses inservible.

    Un.... no sé:
    ¡cualquier cosa!

O vos tendrías
que haber roto algo conmigo:
    tu himen,
    otra promesa de cualquier cosa,
    mis discos.... ¡no sé!

Ahora vos y yo,
estúpidamente completos,
con una batalla perdida
en las sábanas de Oriente,
con anécdotas y cicatrices
de post-guerra.

Pero extraño el traquido
de tus piernas recargando municiones,
extraño los bombazos
de tu sostén explotándome en pedacitos
mientras yo, escondido

en tu trinchera húmeda
que jamás me prometió nada,
ni un "cualquier cosa".

Era espacial

«Tú tenías grandes pies y un tacón jorobado....»

(Virgilio Piñera, *Vida de Flora*)

Ya vamos entrando al siglo XXI
   y yo recuerdo muy bien tus pies.

Dicen que ya pasó lo contemporáneo
y que hemos entrado a la Era Espacial;
   mientras yo,
     típico latinoamericano atrasado,
sigo recordando tus pies morenos,
fríos, que sudaban dulce,
siempre con uñas cortas
pero jamás pintadas.

Recuerdo que la planta
era más clara,
y que tu dedo meñique izquierdo
es algo amorfo.

Hoy los gringos viven en satélites
y los rusos comen McDonald's,
pero acá yo recuerdo tus pies
porque verlos implicaba verte desnuda,
con el cigarrillo tradicional en la boca;
recuerdo hoy tus pies
    porque tu rostro
        debo olvidarlo,
porque tus hombros cicatrizados
    debo olvidarlos,
porque tus ojos tristes,
negros, ojerosos y grandes
        debo olvidarlos.

Y recordar tan sólo tus pies,
tus comunes y normales pies,
para luego confundirlos y pensar
que eran de otra,
y pensar que fuiste un mal
sueño de N meses
o engañarme con que
he olvidado tu rostro
al entrar en el siglo XXI,
a la Era Espacial:
    tan abstractos y lejanos conceptos
    para tus pies desnudos
    y para mí.

Copulo a solas

Vos
lentamente
mordisqueas
mis
pestañas,
mientras
yo
copulo
a

s o l a s

s o b r e

t u

r e c u e r d o .

Labios de mujer

Mujer:
   se te cayeron los labios
   de tanto regalar mordiscos.

¡Ya no sirven,
ya los besó el Diablo!

Mujer felina

Te mandé mis dudas
en mi boca.

Te cedí,
cual voluntad póstuma,
mis haberes:

- tus dos piernas
- tu mirada
- tu albedrío

¡Desde entonces
ya no fuiste mía!

Sin embargo,
me quedaste debiendo
un par de noches
en que dejaste de ser diosa
y optaste por tu condición
mortal de mujer-felina.

Tartamudo

Balbuceo palabras
   y cosas que debiesen ser palabras.

Balbuceo mis manos
   tartamudas por tu cuerpo,
pero sigo sin comprender
tus ojos,
tus movimientos tácitos.

Cuerpo libre

Luego de ella
y su nombre reprimido,
después de su cuerpo libre
y su palabra suelta
queda estúpida la nada,
lo ilógico de no tener
ni siquiera olvido.

Tu ángel

Quiero ser tu
nuevo ángel.

Levitar sobre
tu casa y tu quehacer;
si se puede para protegerte,
si no, aunque sea
para vigilarte
ese amor tan huidizo.

Cartomancia

Serás gramínea,
serás lana florida,
serás verde, olor
y sos poema analfabeto.

¡De cualquier manera
me voy de tu lado,
maldita Pinochet
de sentimientos!

Selección natural

Me rompiste el exoesqueleto
con tus manos de niña;
y quedé yo:
    el insecto blanco,
    suave y deshidratable,
a merced de tu apetito
circeniano.

A pesar de

....la mujer fue amada.

Guerras

«...nos hacen traducir al español una Declaración de los Derechos del Hombre, de cuyos diecisiete princicpios violan doce cada día. Tomaron la Bastilla para libertar a cuatro falsarios, dos locos y un maricón, pero crearon el presidio de Cayena, que es mucho peor que cualquier Bastilla....»

(Alejo Carpentier, *El siglo de las luces*)

I. La teoría

Convirtamos nuestros cuerpos,
Vaikuntha desarmada,
en campos de batalla esotérica,
en cementerios de maíz.

Me voy a poner
la piel de jaguar
para hacerte la danza
del estro.

Te voy a violar
los principios
con pinceles y cacao
en los manglares del baño
de mujeres.

Entrégate ya,
virgen prostituída,
hazme el morbo, la corrupción
y la perversión.

Te regalo mi cuerpo,
flácido y enfermo,
para que te excite
tu impotencia mental.

Bajemos al fondo
a chapotear lodo,

para después regenerarnos
espontáneamente
en alguna flor,
en algún hongo alucinógeno,
en un beso tan divino
que nos envidiará
el mismo panteón cristiano.

II. La batalla

La guerra empezó
en tus piernas de caminante.

Cuando los pechos se sublevaron
a la anarquía hormonal
de tus besos que me protegen
tibiamente en trincheras.

Perdí la bendición
de tu pelo corto
y me lancé a beber
tu saliva fermentada
para eludir
los horrores

de esta tu batalla oscura
que terminará con un
"te amo, negra".

III. La derrota

La derrota concluyó
con una guerra
de amores y fracasos:
    Agamenón olvidado,
    Lenin olvidado.

Tus besos, anónimos
y legendarios,
en el *déjà vu* de tu voz de mando.

Irónica, tu boca, preguntando....

IV. La Post-Guerra

Te cedo este corazón
amoratado y calloso.

¡Que sea el abono
de tu sembradío
de identidad post-guerra fría
de identidad post-guerra étnica!

Tu voz de mando
importunando soledades,
esa perfección de tus besos
derrotándome a mordiscos certeros.

Profecía #3

Vos sos mi profecía.

Así, como sos,
con tus campos y tus cosas.

¡Tu olor por bandera invasora-pirata!

Vas llegando sola,
escoltada por el ejército enorme
que es tu cuerpo,
seguida por la chusma curiosa
que soy yo.

Te veo llegando,
en piltrafos,
con el gusto a café instantáneo
aún en la boca,
con el cenicero lleno
....y tres cuartillas.

La conquista

Náufrago
    llego a las penínsulas
    de tu pecho.

Bajo engaños
    persuado, convenzo,
    conquisto y arraso
a los naturales
de tu vientre.

En un barco de vapor
—me confundís con
una serpiente emplumada—
zarpo victorioso de la bahía salvaje
que está bajo
la protección
de tu pubis zoomorfo.

El legado

Invadí tu universo
con tácticas de asalto,
estrategias guerreras.

Saqueé tu cuerpo,
tus labios.

Te dejé:

a) mi olor marcando territorio

b) la post-guerra rencorosa

c) poemas esparcidos

d) ¡Unas ganas de olvidarme!

América

«La Virgen de Concepión era una puta»

(Luis de Lion, *El tiempo principia en Xibalbá*)

América Latina

Los insectos iban
bajando por tu cuerpo,
ya-no blanco
ya-no moreno.

Las hormigas,
en línea recta
y sin titubeos,
del pecho al púbis.

Los escarabajos,
esos de colores metalizados

   —rojos, azules—,

escalaban,
valerosos alpinistas,
tu pezón.

De tus orejas impenetrables
por hiedra y jacaranda
salen volando escuadrones en V:
tu Luftwaffe de abejorros con antenas.

Mientras yo....

—¿Qué otra cosa podría ser yo?—

sino el colibrí
que sale aleteando fuerte

—con la miel mágica en el pico—

de entre tus piernas,
de entre tus calles,
polinizando tus sueños
para concebir tus ideales,
América Latina.

Centroamérica

Sinceramente,
a veces se nos olvida
que estamos en Centroamérica
   y me pongo a guardar misiles
   compulsivamente en los bolsillos,
te lleno de azúcar y gatos
los sacrosantos jarrones decorativos.

   O se me ocurre darte un beso
   en plena Conferencia Internacional
   sobre la Política Neoliberal del *mollusca*
   con perfil económico-depresivo.

Sé sincera y decime que a vos
también se te olvida
que estas en Latinoamérica
y te pones a concluír que Jacobo Árbenz
hubiese sido mejor *bartender*
que administrador de empresas.

Decime si no, a veces,
nos despertamos en mitad de la urbe
y nos sorprende el Internet,
la prensa amarillista,
la Coca-Cola descafeinada
y nos dan ganas de ser mentiras,
de abrazarnos sin lavarnos los dientes
y acampar de por vida
bajo las sábanas comunistas.

De jade

A: A

Anoche volvieron a caer
campanadas de jacaranda,
                    pito,
            chipichipi.

—a compás de chirimía—.

Anoche no podía respirar
por la enredazón
de raíces de matilisgüate
en mi pecho.

—Tecomates vacíos germinaron en mis pestañas—

Hoy, por la madrugada,
un guarumo me avisó,
                  corriendo,
que te habían visto
                  sembrando
rocas lisas

—de jade—
                  y abonando
el aire con olor a
                  café tostado.

¡Me río de su necedad:
no es necesaria tanta
magia chamánica
para saber que ya estas volviendo!
¡Si con sólo ver
los sigüanes
de la luna vacíos
yo ya sé que estas volviendo!

Jadeíta

Sos América.

Un montón
   de algo que pasó....
      por tus ojos,
revelándome por qué hay mitos,
para qué incisar conchas,
por qué ritos de sahumerios.

Sos América.

Con sus islas y sus gentes,
sos la urbe mestiza
aislada entre selva y sincretismo.

Porque *sos de* América
propicias el chamanismo
   que no entiendo,
   augurando los ideales,
   prediciendo el sol de jadeíta
   que se incuba entre tus poros.

Llovizna

:

nube derretida
gota/ota/ota/a
gota/ota/ota/a
sobre nuestra selva

Insecta

Hoy que me venís
a regalar luciérnagas,
yo te espero
con festines de aire fresco;
sin vos saber que yo soy
la fauna, flora e insecta
de tu campo-vientre
de donde me has traído
estas luciérnagas a regalar.

Obsidiana

....rebota el golpetear
ronco del percutor en
la piedra resistente
a la percusión que su
corteza raja y rompe...

Tu: artesana de navajas que lastiman.

Yo: núcleo agotado del Chayal.

Quixote americano

(Primera Salida)

¡Quisiera ser tu Quixote americano!

¡Cabalgar mi Rocinante de madera
buscando molinos de nixtamal!

....pedir posada en los hostales
de tu pubis negro y medieval.

(Segunda Salida)

Cansado de vagar
por ahí en tu mente.

Harto de encontrar
conquista-dioses-muerte.

Me busco en estelas....
Me busco en tus piernas....

Te encuentro llorando
mi partida, Dulcinea Ixmucané.

Los chamanes me predicen
con florifundias:

    "¡Correrás desnudo
    hasta Patagonia
    proclamando ser Quixote!"

Yo no quiero ser
un caballero ibérico,
no vale la pena
pelear con molinos,
gobernar ínsulas.

    ¡Prefiero jaguares, cavernas!

Te profetizan
los chamanes con lirios:

"¡Un Quixote americano
en tu siguiente katún!"

En glifos mayas
leyó Asterión
sobre algún su
redentor americano.

Zarabanda tecnológica

«La Gran Madre tirada en el polvo y pisoteada por soldados borrachos que se divertían en mear contra los senos mutilados, hasta que el más payaso se arrodillaba entre las aclamaciones de los otros, el falo erecto sobre la diosa caída, masturbándose contra el mármol y dejando que la esperma le entrara por los ojos donde ya las manos de los oficiales habían arrancado las piedras preciosas»

(Julio Cortázar, *Rayuela*)

Mamatriarca's ambiciones

Retrocedimos
los vencidos
   —¡cediendo!—
hasta casa.

Irreconocibles hoy,
nosotros: los sobrevivientes,
los llorantes de los caídos en batalla
durante la Tercera Guerra Fría.

Sendero al pueblo
acampamos en Latinoamérica
—comimos maíz y papa,
sembramos café y banano—.

Llegando al pueblo:
¡Gran zarabanda tecnológica
en nuestro honor!

—Una tradición al volver
de las guerras frías—

Se nos lanzó
hojarrasca y tusa;
otros, lirios acuáticos.

Marchando por las calles,
llegamos a la Plaza Hundida:

cronopios encapuchados
y orgías óxidas
cargaban en andas
a la Mamatriarca,
que salió a saludarnos
—mejillas pintadas al rojoputa,
sobacos sin rasurar,
tetas mimetisadas en lonjas—

Se detuvo bajo el dintel.

Carcajeó vibrando la carne
de gozo y de nostalgia.

¡Soltando aliento
a ron y semen
quiso abrazarnos!

—¡Fue mentira! ¡Es mentira —denunciamos—
que durante la batalla
estuvieras debajo de nuestros párpados,
protegiéndonos, Mamatriarca,
como lo afirmaste en la arenga
de la Segunda Guerra Fría!

Unos volverán a tu guerra,
para dar la vida por
Mamatriarca´s ambiciones.

Mientras nosotros, los cercenados,
seremos
    (¡injustamente!)
sólo tus espías
en el Collagesto de la última quincena!

¡Tan sólo
tus espías!

Cada tres eternidades

Oralmente
aún se añoran
en mi tierra
las Zarabandas Tecnológicas
que la Mamatriarca
solía bailar,
    putona,
en todo Collagesto.

Empezaba
su zarabanda
sobre el quiosco verde.

Terminaba,
   sola y borracha,
tras el gallinero,
amelcochada de tufo,
sudor y plumas,
en polvorienta
anagnórisis deprimente.

Volvieron en tusa

¡Los héroes de la
Cuarta Retirada

        (¿?)

volvieron envueltos
en burla y tusa!

....mientras él,
mientras él
sigue luchando.

Lâmaga sedienta

Tilancias
salen desbordadas
de tus ojos
a
beber
el suero de queso
que chorrea la luna.

Durante el sueño

Ensordecedores silencios

(shhhhhh......)

los que Lâmaga herida
respiró a toda dermis
por los ojos.

Garrobo tornasol

Lâmaga:
   Tilancia hermafrodita,
   te polinizo
entre las piernas.

Sobre un helecho
de selva conífera
jadeamos sahumerios
de rosas.

Eyaculo clorofila....

¡Y tú concibes,
frente a mi,
   un garrobo tornasol!

Para el último combite

(profecía 0.5)

Durante el Combite Caleidoscopio,
entre maizales y hojarrasca

(bajo *Baco´s blessing*),
encendimos el sol

....y de paso,
un par de miradas.

El dios detrás de la botella

Ahí está mi dios,
detrás de la botella,
platicando con mi Lâmaga.

Ajeno a cómo se ve
desfigurado
de éste mi lado
de la botella.

Lagartija en brama

Circúlame
por las venas,
noche de estrellas
(nubarronesazules
y vientobarriletero).

Porque de noches es cuando:
c o m o

c e r d o

b a b e a n t e

s o b r e

l a g a r t i j a

e n b r a m a

fornicás con otros....

¡O peor, lo soñás!

Césares

El otro día,
la Mamatriarca
—para que me durmiera—
me contó la fábula
de un caballo
que, siendo Cónsul,
nombró César
a su jinete;
creando así gran conmoción
en la sociedad
ya que el jinete
no se lavaba los dientes.

Poesía rupestre

«Ahora qué miedo inútil, qué vergüenza, no tener
oración para morder, no tener fe para clavar
las uñas, no tener nada más que la noche,
saber que Dios se muere, se resbala, que
Dios retrocede con los brazos cerrados»

(Mario Benedetti, *Ausencia de Dios*)

Profesión de fe

(o tres blasfemias trilladas)

I. Padre de ellos

Padre de ellos que estás escondido,
politizado sea tu nombre.

Llegue a ellos
tu reino de miedo.

Hágase tu despotismo así en la Tierra
como tu totalitarismo allá en los Cielos.

Dales hoy la resignación de no ser
dioses y perdónales
la imperfección que ello implica,
así como ellos se perdonan
mutuamente ser humanos.

No los dejes caer en la Ciencia
y líbralos de cualquier tolerancia.

II. Dios te salve

Dios te salve Coca-Cola,
llena eres de cafeína.

La publicidad global es contigo.

Bendita tú eres entre todas las sodas
y bendito es el fruto
de tu eslógan "disfrutar".

Santa Coca-Cola,
madre del libre mercado,
ruega por nosotros, consumidores,
ahora y en la hora
de nuestra jubilación.

III. Credo

Creo en un solo Charly García,
músico todopoderoso,
creador de Sui Géneris y
La máquina de hacer pájaros:
de todo lo audible-creativo.

Creo en un solo Julio Cortázar,
hijo único del Boom,
nacido en Bruselas
antes de las dos guerras.

Poeta de poeta,
cronopio de cronopio,
escritor verdadero de
escritor verdadero;
leído, pues autodidacta,
de la misma naturaleza de Charly,
por quien todo fue musicalizado;

y que por nosotros, los hombres,

y por nuestra salvación,

bajó de Francia

y se comprometió con Nicaragua,

la sandinista,

y se hizo hombre;

y por nuestra causa

fue exiliado

en tiempos de Perón;

padeció leucemia y fue sepultado,

y re-editó más allá del tercer día

según las escrituras notariales,

y subió sus ventas; y está sepultado

a la derecha de Carol Dunlop, su esposa;

y de nuevo se reimprimirá con gloria

para alegrar a vivos y muertos,

y su legado no tendrá fin.

Creo en Javier Martínez – Pacam –,

señor y dador de versos libres,

que procede de Charly y de Julio,

que con Charly y Julio

recibe una misma

adoración y gloria,

y que habló por los poetas.

Creo en el arte, que es uno,

irreverente, ateo y sublime.

Confieso que hay
una sola inspiración
para hacer los pecados.

Espero la excomunión,
el perdón de mis muertos
y la vida del super hombre futuro.

Teórico

Dios mío,
¿por qué nos hemos abandonado?

Año cero: 3114 a. C.

Al abrir tu boca,
la cuenta larga de tus dientes
marca 3114 a. C.,
año cero lunar,

creación de la vida
y nuestra casa en inframundo.

Haremos ceremonias
    de amor con ofrendas
    de jadeíta y tinte rojo;
bailaremos con mascarones
alrededor del altar-estela
    y guardaré tus cenizas cremadas
    en mi tun
para hacer danzar al cosmos entero
con la tristeza de nuestro
sacrificio humano.

Rito de espera

Hay que predecir
tu venida
lanzando druidas,
leyendo el sahumerio.

Hay que preparar
el chamanismo de tu sexo
para calmar
la arrogancia de tu presencia.

¡Debo consultar calendarios,
sangrarme las orejas,
limpiarme el corazón!

¿Cómo reconocerte
caminando de regreso?

¿Cómo saber cuándo
saldrás de tu nicho por fin?

¡¿Cómo preocuparme yo
por tu venida
si estoy tan gustosamente
atareado con tu llegada?!

Inesperadamente

En mitad de su katún,
    inesperadamente,
ella sola decapitó su figurilla,
    su altar,
        sus oraciones.

Borró su rostro
de los incensarios y murales.

Capitaneó
    contra mí,
su único sacerdote-guerrero,
nuestro movimiento iconoclasta.

Metamorfosis

¡Templa dientes,
templador de huesos!

¡Endurece en sangrante costra
la piel que acaricio-idolatro!

¡Corrompe, Hun-Camé, la carne
suave que me
encadena en
sudor agridulce!

¡Conviérteme en flor,
en lirio, en cenote!

(....)

Soy ahora droga destilada,
y olores ....y algodón.

Para inventar el rojo

Hoy me toca a mí
andar inventando dioses.

Es mi turno
en este juego infantil
y milenario.

Ahora me toca a mí
ritualizar la esencia del dolor,
    llevar a las cavernas
nuestras voces
    abandonándolas ahí
    en poesía rupestre.

Tu vientre,
como vientre místico,
será mi pizarra en el altar,
cuando por cortes finos de obsidiana
fluya tu sangre en hilitos,
re-inventando el rojo,
inventando el misterio
de la nueva religión.

Mis muertos

A Kike y CAME

Este va para mis muertos
que adivino bailando
desnudos/obscenos
en sus tumbas, en sus cielos.
Este va para mis muertos
que se rien de pensar
que algún día volveré con ellos.

Sobre la autor

Javier Martínez (Pacam)
(Guatemala, 1978)

Javier Martínez se desempeña en el área de la educación y la industria editorial. En la primera, hasido coordinador de pruebas estandarizadas en el Ministerio de Educación de Guatemala, así como profesor y catedrático de distintas materias, como literatura, filosofía, lingüística, estilística, análisis discursivo, traducción, corrección ortotipográfica y más,tanto en distintos centros educativos y como en universidades nacionales. En el área de la industria editorial, ha trabajado como coordinador editorial, editor y corrector en diversas editoriales nacionales e internacionales.

Javier Martínez es licenciado en letras y en antropología, tiene un posgrado en lingüística del español y una maestría en comunicación para el desarrollo.